Matthias Fiedler

Iddi vum innovativen Immobiliematching: Immobilievermëttlung einfach gemaach

Immobiliematching: Déi effizient, einfach a professionell Immobilievermëttlung duerch en innovatiivt Immobiliematchingportal

Impressum

1.Oplag als Print-Buch | Februar 2017
(Ursprénglech op Däitsch, Dezember 2016 publizéiert)

© 2016 Matthias Fiedler

Matthias Fiedler
Erika-von-Brockdorff-Str. 19
41352 Korschenbroich
Däitschland
www.matthiasfiedler.net

Hierstellung an Drock:
Kuckt den Drock op der leschter Säit

Covergestaltung: Matthias Fiedler
Erstelle vum E-Book: Matthias Fiedler

ISBN-13 (Paperback): 978-3-947184-98-9
ISBN-13 (E-Book mobi): 978-3-947184-48-4
ISBN-13 (E-Book epub): 978-3-947184-49-1

Bibliografesch Informatioun vun der Däitscher
Nationalbibliothéik:
Déi Däitsch Nationalbibliothéik verzeechent dës Publikatioun an
der Däitscher Nationalbibliografie; detailléiert bibliografesch
Date kann een am Internet iwwer http://dnb.d-nb.de ofruffen.

INHALT

An dësem Buch gëtt e revolutionäert Konzept fir e weltwäit Immobiliematchingportal (App – Applikatioun) mat Berechnung vum bemierkenswäerten Ëmsazpotential (Milliarden Euro) erkläert, dat an eng Immobilienagencesoftware inklusiv Immobiliebewäertung integréiert gëtt (Billiounen Euro Ëmsazpotential).

Heiduerch kënne Wunn- a Geschäftsimmobilien, eegegenotzt oder verlount, effizient an zäitspuerend vermëttelt ginn. Et ass d´Zukunft vun der innovativer a professioneller Immobilievermëttlung fir all Immobilienagenten an Immobilieninteressenten. Den Immobiliematching funktionnéiert a bal alle Länner a souguer länneriwwergräifend.

Amplaz d'Immobilie bei de Keefer oder Locataire „ze droen", gi beim Immobiliematchingportal Immobilieninteressente qualifizéiert (Sichprofil) a mat den ze vermëttelnden Immobilie vun den Immobilienagenten ofgeglach a verbonnen.

INHALT

VIRWUERT

Am Joer 2011 hunn ech dës hei beschriwwen Iddi vum innovativen Immobiliematching duerchduecht an entwéckelt.

Zënter 1998 sinn ech an der Immobiliewirtschaft aktiv (ë.a. Immobilievermëttlung, Un- a Verkaf, Bewäertung, Verlounen a Grondstécksentwécklung). Ech sinn ënner anerem Immobiliefachwirt (IHK), Diplom-Immobilienökonom (ADI) an Expert fir Immobiliebewäertung (DEKRA) sou wéi Member am international unerkannten Immobilieverband vun der Royal Institution of Chartered Surveyors (MRICS).

Matthias Fiedler
Korschenbroich, den 31.10.2016
www.matthiasfiedler.net

1. Iddi vum innovativen Immobilie-matching: Immobilievermëttlung einfach gemaach

Immobiliematching: Déi effizient, einfach a professionell Immobilievermëttlung duerch en innovatiivt Immobiliematchingportal

Amplaz Immobilie bei de Keefer oder Locataire „ze droen", gi beim Immobiliematchingportal (App – Applikatioun) Immobilieninteressente qualifizéiert (Sichprofil) a mat den ze vermëttelnden Immobilie vun den Immobilienagenten ofgeglach a verbonnen.

2. Ziler vun Immobilieninteressenten an Immobilienubidder

Aus Siicht vun engem Immobilieverkeefer an engem Besëtzer, dee verlount, ass et wichteg seng Immobilie séier an zu engem méiglechst héije Präis ze verkafen, resp. ze verlounen.

Aus Siicht vun engem Kaf- a Locatiounsinteressenten ass et wichteg eng Immobilie no senge Wënsch ze fannen, sou wéi séier an onkomplizéiert kafe resp. lounen ze kënnen.

3. Prozedur bei der Immobiliesich bis haut

An der Regel kucke sech Interessenten Immobilien an hirer gewënschter Regioun op de groussen Immobilieportaler am Internet un. Do kënne si sech Immobilie resp. eng Lëscht mat jeeweilege Links op Immobilie per E-Mail zouschécke loossen, wa si e kuerzt Sichprofil ugeluecht hunn. Heefeg gëtt dat op 2-3 Immobilieportaler gemaach. Duerno ginn d´Ubidder an der Regel per E-Mail kontaktéiert. Heiduerch erhalen d´Ubidder d´Méiglechkeet an d´Erlaabnes sech mat den Interessenten a Verbindung ze setzen.

Zousätzlech gi vun den Interessente vereenzelt Immobilienagenten an der gewënschter Regioun kontaktéiert a jeeweils d´Sichprofil hannerluecht.

Bei den Ubidder op den Immobilieportaler handelt et sech ëm privat a professionnell Ubidder. Professionell Ubidder si meeschtens Immobilienagenten an deelweis Baufirmen,

Immobilienhändler ・ an aner Immobiliegesellschaften (am Text gi professionnell Ubidder als Immobilienagente bezeechent).

4. Nodeel privat Ubidder / Virdeel Immobilienagent

Bei Kafimmobilien ass vu Säite vun de Privatverkeefer net ëmmer en direkte Verkaf garantéiert, well beispillsweis bei enger geierfter Immobilie keng Eenegung tëscht den Ierwe virläit oder den Ierfschäi feelt. En plus kënnen ongekläert rechtlech Themen, wéi ënner anerem e Wunnrecht, e Verkaf erschwéieren.

Bei Locatiounsimmobilien kann et virkommen, dass Privatbesëtzer amtlech Geneemegungen net ugefrot hunn, zum Beispill, wann eng Geschäftsimmobilie (-fläch) als Wunneng verlount gi soll.

Wann en Immobilienagent als Ubidder aktiv ass, huet hien déi virgenannt Aspekter an der Regel gekläert. Doriwwer eraus leien heefeg all relevant Immobilienënnerlagen (Grondrëss, Lageplang, Energiepass, Grondbuch, amtlech Ënnerlagen, asw.) scho vir. – Soumat ass e Verkaf oder eng

Locatioun séier an ouni Komplikatioune méiglech.

5. Immobiliematching

Fir e Matching tëschent Interessenten a Verkeefer resp. Locataire séier an effizient z'erreechen, ass et allgemeng wichteg, eng systematiséiert a professionell Erugoensweis unzebidden. Dëst erfollegt hei duerch eng ëmgedréit geriicht Prozedur resp. Oflaf beim Sichen a Fannen tëschent Immobilienagent an Interessent. Dat heescht, amplaz Immobilie bei de Keefer oder Locataire „ze droen", gi beim Immobiliematchingportal (App – Applikatioun) Immobilieninteressenten qualifizéiert (Sichprofil) a mat den ze vermëttelnden Immobilie vun den Immobilienagenten ofgeglach a verbonnen.

Beim éischte Schrëtt leeën d'Interessenten e konkret Sichprofil am Immobiliematchingportal un. Dëst Sichprofil enthält ongeféier 20 Kritären. Ënner anerem déi folgend Kritären (keng vollstänneg Opzielung) si fundamental fir d´Sichprofil.

- Regioun/ Postleitzuel/ Uert
- Objektaart
- Grondstécksgréisst
- Wunnfläch
- Kaf-/ Locatiounspräis
- Baujoer
- Stack
- Zëmmerunzuel
- Verlount (jo/ neen)
- Keller (jo/ neen)
- Balkon/ Terrass (jo/ neen)
- Heizungsaart
- Stellplaz (jo/ neen)

Wichteg ass heibäi, d´Kritären net fräi anzeginn, mee iwwer Uklicke resp. Opmaache vum jeeweilege Kritärefeld (z.B. Objektaart) aus enger Lëscht mat virgeschloene Méiglechkeeten/

Optiounen (z.B. bei Objektaart: Wunneng, Eefamilienhaus, Lagerhal, Büro…) ze wielen.

Optional kënne vun den Interessente weider Sichprofiler ugeluecht ginn. Eng Ännerung vum Sichprofil ass genau sou méiglech.

Zousätzlech gi vun den Interessenten déi vollstänneg Kontaktdaten an dofir virgesi Felder aginn. Dëst sinn Numm, Virnumm, Strooss, Hausnummer, Postleitzuel, Uert, Telefon an E-Mail.

An deem Zesummenhank ginn d'Interessenten hiert Averständnes fir d'Kontaktopnam an d'Zouschécke vu passenden Immobilien(exposéen) vu Säite vun den Immobilienagenten.

Doriwwer eraus maachen d'Interessente mam Bedreiwer vum Immobiliematchingportal e Kontrakt.

Am nächste Schrëtt stinn d´Sichprofiler iwwer eng Programmatiounsschnëttstell (API – Application Programming Interface) – vergläichbar mat beispillsweis der Programmatiounsschnëttstell „openimmo" an Däitschland – de verbonnenen Immobilienagenten, nach net ze gesinn, zur Verfügung. Heizou sief gesot, dës Programmatiounsschnëttstell – quasi de Schlëssel fir d´Ëmsetzung – sollt bal all Immobilienagencesoftware, déi sech an der Praxis befënnt, ënnerstëtzen resp. d´Iwwerdroe garantéieren. Wann net, sollt dëst technesch erméiglecht ginn. – Well et scho Programmatiounsschnëttstellen, wéi déi uewe genannt Programmatiounsschnëttstell „openimmo" a weider Programmatiounsschnëttstellen an der Praxis gëtt, sollt en Iwwerdroe vun de Sichprofiler méiglech sinn.

Elo vergläichen d'Immobilienagenten hir zur Vermëttlung stoend Immobilie mat de Sichprofiler. Heifir ginn d'Immobilien an d'Immobiliematchingportal agespillt an déi jeeweileg Kritären ofgeglach a verbonnen.

No erfollegtem Ofgläich ergëtt sech e Matching mat entspriechender Anzeig a Prozent. – Vun engem Matching vu beispillsweis 50% u ginn d'Sichprofiler an der Immobilienagentesoftware siichtbar.

Déi eenzel Kritäre ginn heibäi ënnereneen evaluéiert (Punktesystem), sou dass sech no engem Ofgläich vun de Kritären e Prozentsaz fir de Matching (Wahrscheinlechkeet vun der Iwwereestëmmung) ergëtt. – Beispillsweis huet de Kritär „Objektaart" méi Gewiicht wéi de Kritär „Wunnfläch". Zousätzlech kéinte bestëmmte Kritären (z.B. Keller) ausgewielt ginn, déi dës Immobilie hu muss.

Am Verlaf vum Ofgläich vun de Kritäre fir de Matching sollt drop opgepasst ginn, den Immobilienagenten den Zougank nëmmen op är gewënscht (gebucht) Regiounen ze ginn. Dëst reduzéiert den Opwand fir den Datenofgläich. Zemools déi jeeweileg Immobilienagenten ganz heefeg regional agéieren. – Hei sief ugemierkt, dass duerch déi sougenannt „Cloud" eng Späicherung a Veraarbechtung vu groussen Datemengen hautzedaags méiglech ass.

Fir eng professionell Immobilievermëttlung ze garantéieren, kréien nëmmen Immobilienagenten Zougank op d´Sichprofiler.

Heifir schléissen d´Immobilienagenten mam Bedreiwer vum Immobiliematchingportal ee Kontrakt of.
Nom jeeweilegen Ofgläich / Matching dierfen d´Immobilienagenten d´Interessenten an ëmgedréit d´Interessenten d´Immobilienagente

kontaktéieren. Dat bedeit och, wann d´Immobilienagenten den Interessenten en Exposé zougeschéckt hunn, ass dat en Tätegkeetsnoweis resp. den Usproch vun den Immobilienagenten op hir Provisioun am Fall vun engem Verkaf oder enger Locatioun dokumentéiert.

Dëst setzt viraus, dass den Immobilienagent vu Säite vun de Besëtzer mat der Vermëttlung vun der Immobilie beoptraagt ass oder d´Averständnes virläit, d´Immobilie ubidden ze dierfen.

6. Uwendungsberäicher

Deen hei beschriwwenen Immobiliematching ass uwendbar fir Kaf- a Locatiounsimmobilien am Wunnengs- an Geschäftsimmobiliesektor. Fir Geschäftsimmobilie sinn entspriechend zousätzlech Immobiliekritären erfuerderlech.

Op der Säit vun den Interessente kann, wéi an der Praxis üüblech, och en Immobilienagent sinn, wann hien zum Beispill am Optrag vu Clienten aktiv ass.

Raimlech betruecht, kann d´Immobiliematchingportal op bal all Land iwwerdroe ginn.

7. Virdeeler

Dësen Immobiliematching bitt grouss Virdeeler fir d'Interessenten, wa si beispillsweis an hirer Regioun (Wunnuert) oder bei engem beruffleche Wiessel an enger anerer Stad / Regioun eng Immobilie sichen.

Si leeën nëmmen eemol hire Sichprofil un a kréie vun den an der gewënschter Regioun aktiven Immobilienagente passend Immobilien zougeschéckt.

Fir d'Immobilienagente bidde sech heiduerch grouss Virdeeler, wat d'Effizienz an d'Zäiterspuernes fir de Verkaf resp. d'Locatioun betrëfft.

Si kréien onmëttelbar eng Iwwersiicht wéi héich d'Potential vu konkreten Interessenten fir déi jeeweileg vun hinnen ugebueden Immobilie ass.

Des Weidere kënnen d'Immobilienagenten hir relevant Zilgrupp, déi sech duerch d'Uleeë vun engem Sichprofil konkret Gedanken iwwer hir Wonschimmobilie gemaach huet, direkt uschwätzen (ë.a. d´Zouschécke vun Immobilienexposéen).

Heiduerch erhéicht sech d´Qualitéit u Kontaktopname mat Interessenten, déi wëssen, wat si sichen. Doduerch reduzéiert sech d´Unzuel vun de kommende Besichtegungsrendez-vousen.

– Soumat reduzéiert sech de ganze Vermaartungszäitraum fir déi ze vermëttelnd Immobilien.

No der Besichtegung vun den zu vermëttelnden Immobilien duerch d´Interessenten kënnt – wéi üüblech – den Ofschloss vun engem Kaf- oder Locatiounskontrakt.

8. Beispillrechnung (Potential) – nëmmen eegegenotzt Wunnengen an Haiser (ouni verlount Wunnengen an Haiser souwéi Geschäftsimmobilien)

Am folgende Beispill gëtt däitlech, wéi ee Potential d´Immobiliematchingportal huet.

An engem Gebitt mat 250.000 Awunner, wéi d´Stad Mönchengladbach, gëtt et statistesch ronn 125.000 Stéit (2 Bewunner pro Stot). Den duerchschnëttleche Plënnertaux bedréit ongeféier 10%. Sou plënnere pro Joer 12.500 Stéit. – De Saldo fir Zou- a Fortplënneren op resp. aus Mönchengladbach gouf heibäi net berécksichtegt. – Heivu sichen ongeféier 10.000 Stéit (80%) eng Locatiounsimmobilie an ongeféier 2.500 Stéit (20%) eng Kafimmobilie.

Nom Grondstécksmaartbericht vun der Expertskommissioun vun der Stad Mönchengladbach gouf et 2012 2.613 Kaffäll vun

Immobilien. – Dëst bestätegt déi virgenannt Zuel vun 2.500 Kafinteressenten. Et ginn der tatsächlech méi, well beispillsweis net all Interessent seng Immobilie fonnt huet. Schätzungsweis wäert d´Zuel vun den tatsächlechen Interessenten resp. op konkret Manéier d´Zuel vun de Sichprofiler duebel sou héich si wéi den duerchschnëttleche Plënnertaux vun ongeféier 10%, näämlech 25.000 Sichprofiler. Dëst enthält ënner anerem, dass d´Interessenten méi Sichprofiler am Immobiliematchingportal uleeën.

Erwähnenswäert ass och, dass bis elo erfahrungsgeméiss ongeféier d´Halschent vun allen Interessenten (Keefer a Locatairen) hir Immobilie iwwer en Immobilienagent fonnt huet, soumat am Ganzen 6.250 Stéit.
Gesicht hunn awer erfahrungsgeméiss op d´mannst 70% vun all de Stéit iwwer Immobilieportaler am Internet, soumat am

Ganzen 8.750 Stéit (entsprécht 17.500 Sichprofiler).

Géifen 30% vun all den Interessenten, dat heescht, 3.750 Stéit (entsprécht 7.500 Sichprofiler) an enger Stad wéi Mönchengladbach, hire Sichprofil beim Immobiliematchingportal (App – Applikation) uleeën, kéinten déi verbonnen Immobilienagente pro Joer duerch 1.500 konkret Sichprofiler (20%) Kafinteressenten an duerch 6.000 konkret Sichprofiler (80%) Locatiounsinteressenten hir passend Immobilie ubidden.

Dat heescht, bei enger duerchschnëttlecher Sichdauer vun 10 Méint an engem beispillhafte Präis vu 50 € de Mount fir all ugeluechte Sichprofil duerch d′Interessenten ergëtt sech fir 7.500 Sichprofiler en Emsazpotential vun 3.750.000 € d′Joer an enger Stad mat 250.000 Awunner.

Bei enger Héichrechnung op Däitschland mat ronn 80.000.000 (80 Mio.) Awunner ergëtt dëst en Ëmsazpotential vun 1.200.000.000 € (1,2 Mrd. €) d´Joer. – Géifen amplaz 30% vun all den Interessente beispillsweis 40% vun all den Interessenten hir Immobilien iwwer d´Immobiliematchingportal sichen, erhéicht sech d´Ëmsazpotential op 1.600.000.000 € (1,6 Mrd. €) d´Joer.

Dëst Ëmsazpotential bezitt sech nëmmen op eegegenotzt Wunnengen an Haiser. Locatiouns- resp. Rendittimmobilien am Sektor Wunnimmobilien an de ganze Sektor Geschäftsimmobilien si bei dëser Potentialberechnung net enthalen.

Bei enger Unzuel vun ongeféier 50.000 Firmen an Däitschland am Beräich vun der Immobilievermëttlung (inklusiv bedeelegt Baufirmen, Immobilienhändler an aner Immobiliegesellschaften) mat ongeféier 200.000

Beschäftegt an engem beispillhaften Undeel vun 20% vun dëse 50.000 Firmen, déi dëst Immobiliematchingportal mat duerchschnëttlech 2 Lizenzen notzen, ergëtt sech bei engem beispillhafte Präis vun 300 € de Mount d'Lizenz en Ëmsazpotential vun 72.000.000 € (72 Mio. €) d'Joer. Doriwwer eraus sollt eng regional Buchung fir déi Sichprofiler do erfollegen, soudass hei je no Gestaltung weidert wesentlecht Ëmsazpotential genereéiert ka ginn.

D'Immobilienagenten missten duerch dëst grousst Potential un Interessente mat konkrete Sichprofiler hir eegen Interessentendatebank – souwäit existent – net méi permanent aktualiséieren. Virun allem wou dës Unzuel un aktuelle Sichprofiler d'Unzuel vun deene villen Immobilienagenten an hirer Datebank ugeluegte Sichprofiler ganz wahrscheinlech iwwersteige wäert.

Wann dëst innovatiivt Immobiliematchingportal a méi Länner Uwendung fanne sollt, kéinte beispillsweis Kafinteressenten aus Däitschland e Sichprofil fir Vakanzappartementer op der Mëttelmierinsel Mallorca (Spuenien) uleeën an déi op Mallorca verbonnen Immobilienagente kéinten dat jeweils passend Appartement hiren däitschen Interessenten per Email virstellen. – Soulaang déi zougeschéckt Exposéen op Spuenesch geschriwwe sinn, kënnen hautzedaags d´Interessenten am Internet mat Ennerstëtzung vun Iwwersetzungsprogrammer den Text a kierzester Zäit op Däitsch iwwersetze loossen.

Fir de Matching vu Sichprofiler an ze vermëttelnd Immobilie sproochiwwergräifend ëmsetzen ze kënnen, kann am Immobiliematchingportal en Ofgläich vun de jeweilege Kritären op Basis vun de programméierten (mathemateschen) Kritären – ofgeléist vun der Sprooch – erfollegen an déi jeeweileg Sprooch gëtt uschléissend zougeuerdent.

Bei Uwendung vum Immobiliematchingportal op alle Kontinenter géif sech dat virdru genannt Ëmsazpotential (nëmme Sichinteressenten) duerch eng ganz vereinfacht Héichrechnung wéi hei duerstellen.

Weltbevëlkerung:
7.500.000.000 (7,5 Mrd.) Awunner

1. Bevëlkerung an Industrielänner a méi extensiv Industrielänner:
2.000.000.000 (2,0 Mrd.) Awunner

2. Bevëlkerung a Schwellelänner:
4.000.000.000 (4,0 Mrd.) Awunner

3. Bevëlkerung an Entwécklungslänner:

   1.500.000.000 (1,5 Mrd.) Awunner

Dat jäerlecht Ëmsazpotential vun Däitschland an Héicht vun 1,2 Mrd. € bei 80 Mio. Awunner gëtt mat folgenden ugehollene Faktoren op d´Industrie-, Schwellen- an Entwécklungslänner ëm- resp. héichgerechent.

1. Industrielänner: 1,0

2. Schwellelänner: 0,4

3. Entwécklungslänner: 0,1

Soumat ergëtt sech folgend jäerlecht Ëmsazpotential (1,2 Mrd. € x Bevëlkerung (Industrie-, Schwellen- oder Entwécklungslänner) / 80 Mio. Awunner x Faktor).

1. Industrielänner: 30,00 Mrd. €

2. Schwellelänner: 24,00 Mrd. €

3. Entwécklungslänner: 2,25 Mrd. €

Total: **56,25 Mrd. €**

9. Fazit

Mat dësem duergestallten Immobiliematchingportal bitt sech fir d´Immobilieninteressenten an d´Immobilienagente signifikant Virdeeler.

1. D´Interessente reduzéieren däitlech d´Zäit fir d´Sich vu gëeegenten Immobilien, well d´Interessenten hiert Sichprofil nëmmen eemol uleeën.

2. D´Immobilienagente kréien e Gesamtiwwerbléck iwwer d´Unzuel vun den Interessenten mat scho konkrete Wënsch (Sichprofil).

3. D´Interessente kréien nëmme gewënscht resp. passend Immobilien (geméiss dem Sichprofil) vun allen Immobilienagenten virgestallt (quasi eng automatesch Virauswiel).

4. D´Immobilienagente reduzéieren hiren Opwand fir d´Fleeg vun hirer individueller Datebank fir Sichprofiler, well eng ganz héich Unzuel vun aktuelle Sichprofiler permanent zur Verfügung steet.

5. Well nëmme professionnell Ubidder / Immobilienagenten un d´Immobiliematchingportal ugeschloss sinn, hunn d´Interessenten et mat professionellen an dacks erfuerenen Immobilievermëttler ze dinn.

6. D´Immobilienagente reduzéieren d´Unzuel vu Besichtegungsrendez-vousen an d´Vermaartungsdauer am grousse Ganzen. Am Géigenzuch reduzéiert sech och op Säite vun den Interessenten d´Unzuel vu Besichtegungsrendez-vousen an d´Zäit bis zum Ofschloss vum Kaf- oder Locatiounskontrakt.

7. D´Besëtzer vun den Immobilien, déi ze verkafen oder ze verloune sinn, hu genau

esou eng Zäiterspuernes. Des Weideren e méi geréngen Zäitraum vun eidel stoende Gebaier bei Locatiounen an eng méi séier Kafpräisbezuelung bei Kafimmobilien duerch e méi séiert Verlounen resp. Verkafen, soumat och e finanzielle Virdeel.

Mat der Realiséierung bzw. Ëmsetzung vun dëser Iddi vum Immobiliematching kann e bedeitende Fortschrëtt an der Immobilievermëttlung erziilt ginn.

10. Abanne vum Immobiliematching-portal an eng nei Immobilienagence-software inklusiv Immobiliebewäertung

Zur Finaliséierung ka resp. sollt dat hei beschriwwent Immobiliematchingportal vun Ufank un den Haaptbestanddeel vun enger neier – idealerweis weltwäit notzbarer – Immobilienagencesoftware sinn. Dat heescht, d´Immobilienagente kënnen entweder d´Immobiliematchingportal zousätzlech zou hirer genotzter Immobilienagencesoftware oder idealerweis déi nei Immobilienagencesoftware inklusiv Immobiliematchingportal benotzen.

Duerch d´Abanne vun dësem effizienten an innovativen Immobiliematchingportal an eng eegen Immobilienagencesoftware gëtt e fundamentalen Elengstellungskritär fir d´Immobilienagencesoftware geschafen, dee wesentlech fir d´Maartduerchdrénge wäert sinn.

Well an der Immobilievermëttlung d´Immobiliebewäertung ëmmer e wichtege Bestanddeel ass a bleift, sollt an der Immobilienagencesoftware onbedéngt en Immobiliebewäertungstool integréiert ginn. D´Immobiliebewäertung mat den entspriechende Recheweeër kann op déi relevant Daten / Parameter aus den aginnenen / ugeluechten Immobilien vun den Immobilienagenten duerch Verknüpfungen zougräifen. Eventuell feelend Parameter ergänzt den Immobilienagent duerch seng eege regional Maartexpertise.

Doriwwer eraus sollt et an der Immobilienagencesoftware d´Méiglechkeet ginn, sougenannt virtuell Immobilientouren vun den ze vermëttelnden Immobilien z´integréieren. Dëst kéint beispillsweis vereinfacht ëmgesat ginn, andeems fir den Handy an / oder Tablet eng zousätzlech App (Applikatioun) entwéckelt gëtt, déi no erfollegter Opnam vum virtuellen

Immobilientour dësen automatesch an d´Immobilienagencesoftware integréiert resp. abënnt.

Souwäit dat effizient an innovatiivt Immobiliematchingportal an eng nei Immobilienagencesoftware nieft der Immobiliebewäertung agebonne gëtt, erhéicht sech heiduerch dat méiglecht Ëmsazpotential nach eng Kéier däitlech.

Matthias Fiedler

Korschenbroich, den 31.10.2016

Matthias Fiedler

Erika-von-Brockdorff-Str. 19

41352 Korschenbroich

Däitschland

www.matthiasfiedler.net